Birgit van Damsen

Sicher im Gelände

Tipps zur Sicherheit für Pferd und Reiter

CADMOS
PFERDEBÜCHER

Inhalt

Impressum

Cadmos Verlag GmbH, Lüneburg
Gestaltung und Satz:
Ravenstein Brain Pool, Berlin
Titelfotos und Innenfotos:
Birgit van Damsen
Druck: Westermann Druck, Zwickau

Printed in Germany.

ISBN 3-86127-262-8

Ein angerissener Zügel kann fatale Folgen haben!

Nur so können folgenschwere Reitunfälle auf Grund defekter oder unzureichender Ausrüstung vermieden werden.

Sichere Reitkleidung

Neben Reitstiefeln oder Reitschuhen mit Absatz und zusätzlichen Chapsletten sollte der Geländereiter nie auf einen Reithelm verzichten. Schwere Kopfverletzungen stehen in der Reitunfallstatistik an erster Stelle, die durch das Tragen eines geeigneten Schutzhelms jedoch meist verhindert werden könnten. Die modernen Helme für Geländereiter bestehen aus einer stoß- und durchdringungsfesten Kunst-

Ein Sicherheitshelm schützt vor schweren Kopfverletzungen.

Sicherheitsausrüstung für Reiter und Pferd

Individuell angepasste Ausrüstungsteile bilden die Basis für sichere und stressfreie Geländeritte. Denn mit bequemen Kleidungsstücken sowie gut sitzenden Sätteln und Zaumzeugen lassen sich falsch dosierte Reiterhilfen beziehungsweise gefährliche Fehlreaktionen des Pferdes von vornherein ausschließen. Alle Ausrüstungsgegenstände sollten ferner völlig intakt sein und den neuesten Sicherheitsanforderungen entsprechen.

stoffschale, einem flexiblen Schirm und einer reißfesten Dreipunktberiemung mit einem leicht zu handhabenden Steckverschluss am Kinnriemen. Ein zusätzlicher Kinnschutz fehlt allerdings bei den neuesten Reithelmen, weil dieser nach jüngsten Untersuchungen beim Stürzen das Kiefergelenk aushebeln kann. Luftschlitze sorgen für eine gute Belüftung und vermeiden einen Wärmestau. Beim Anprobieren eines Reithelms sollte man unbedingt auf einen festen Sitz und eine gute Passform achten. Ganz wichtig ist, dass man nur Helme erwirbt, die den Sicherheitsstandard der Euro-Norm erfüllen und das Prüfzeichen EN 1384 erhalten haben.

Für Geländereiter ist außerdem die Anschaffung einer Sicherheitsweste anzuraten. Solche „Body Protectors", die den Oberkörper vor ernsthafteren Verletzungen schützen, fangen den Aufprall beim Sturz auf harten Boden oder Gegenstände ab und dämpfen die Wucht eines Huftritts. Waren die Schutzwesten bislang nur für Militaryreiter vorgeschrieben, sind sie mittlerweile in allen Geländeprüfungen Pflicht. Die Westen bestehen aus plattenförmigen, stoßdämpfenden Materialien. Thermoplastische Schaumstoffe passen sich der individuellen Körperform an und Klettverschlüsse gewährleisten eine exakte Einstellung. Bei der Anprobe sollte auf die richtige Größe und Passform geachtet werden. Denn eine Geländeweste darf weder verrutschen noch die Bewegungsfreiheit einschränken. Wie bei den Reithelmen sollte man bei den Sicherheitswesten nur geprüfte Ware kaufen. Das Prüfsiegel der Euro-Norm lautet 13158, das dem britischen Testetikett BETA Klasse III importierter Westen entspricht.

Sicherheitswesten mildern die Folgen eines Sturzes.

Zur sicheren Bekleidung beim Ausritt gehören ferner Reithandschuhe aus weichem Leder mit Luftlöchern oder anderen hautfreundlichen und atmungsaktiven Materialien mit Lederverstärkungen an Fingern und Handflächen. Handschuhe verhindern, dass einem der Zügel aus der Hand rutscht, und bewahren die Reiterhand vor Blasen, Scheuerstellen oder Schürfwunden im Falle eines Sturzes.

Ein sehr wichtiges Ausrüstungsteil für Geländereiter sind schließlich Sicherheitssteigbügel, die das Hängenbleiben des Fußes im Bügel und dadurch das gefährliche Mitschleifen am Pferd unmöglich machen. Im Handel sind verschiedene Modelle erhältlich, die auf unterschiedliche Weise diesen Zweck erfüllen. Es gibt Steigbügel mit beweglichen Gelenken, seitlichen Öffnungs-

Dieser Sicherheitssteigbügel öffnet sich im Notfall seitlich.

Geländepferde sicher ausrüsten

Die gesamte Ausrüstung eines Geländepferdes muss stets in einem ordnungsgemäßen Zustand sein und regelmäßig auf ihre Funktionstüchtigkeit hin überprüft werden. Verschlissene oder defekte Ausrüstungsteile müssen entweder fachgerecht repariert oder ersetzt werden. Das gilt vor allem für so wichtige Teile wie Zügel, Sattelgurte, Sattelstrippen und Steigbügelriemen. Lederteile sollten zudem hin und wieder mit Sattelseife gereinigt und gefettet werden. Das hält Leder geschmeidig und beugt Bruch- und Rissstellen vor.

Ganz gleich für welchen Sattel man sich entscheidet, ob für einen herkömmlichen Vielseitigkeitssattel, einen speziellen Gelände- oder Wandersattel, einen Trachten- oder Westernsattel, jeder Sattel muss exakt angepasst wer-

mechanismen und Systeme, die den ganzen Bügel bei einem möglichen Sturz ausklinken.

Auch vorne geschlossene Steigbügel verhindern ein Durchrutschen des Reiterfußes und bieten zudem eine breite bequeme Trittfläche, die in brenzligen Situationen nicht so leicht vom Fuß rutscht. Das hilft unnötige Stürze zu vermeiden. Auch bei den geschlossenen Bügeln kann man zwischen verschiedenen Varianten wählen. Die Camargue-Steigbügel bestehen aus einem korbförmigen Metall, andere sind aus hartem Kunststoff gemacht. Herkömmliche Steigbügel lassen sich durch flexible Gummilaschen nachrüsten, die man am vorderen Teil der Bügel oben und unten anbringt. Für Westernsättel werden so genannte Tapaderos angeboten, die aus festem Leder sind und am Westernbügel befestigt werden können.

Regelmäßige Sattelpflege erhält die Pferdeausrüstung in einem guten Zustand.

Ein Ringmartingal verläuft um beide Zügel, um den Pferdehals und durch den Sattelgurt.

den und sowohl für das Pferd als auch für den Reiter bequem sein. Für Pferde mit wenig Widerrist kann ein Schweifriemen erforderlich sein, der ein Vorrutschen des Sattels vor allem an Abhängen vermeidet. Ein Vorderzeug, das um die Pferdebrust verläuft und an Sattel und Sattelgurt befestigt wird, verhindert ein Zurückgleiten des Sattels, wenn man steil bergauf reitet.

Das Kopfstück des Geländepferdes muss glatt aufliegen und darf weder drücken noch scheuern. Die Zäumung sollte vom Pferd gut akzeptiert und ihre Handhabung vom Reiter beherrscht werden. So genannte Hilfszügel wie Stoßzügel, Ausbinder und dergleichen dürfen im Gelände nicht verwendet werden, da sie keine Probleme lösen und im Ernstfall mehr schaden als helfen. Einzig ein richtig verschnalltes Ringmartingal kann in Ausnahmefällen wie bei schnellen Jagden oder Gruppenausritten eingesetzt werden. Es verhindert das Hochwerfen des Pferdekopfes und mildert die harte Wirkung einer plötzlichen Zügelung durch den Reiter.

Sicherheits-Zubehör

Zum Zubehör, das der Sicherheit von Geländereiter und Geländepferd dient, gehören einige nützliche Ausrüstungsteile, die zusätzlich schützen oder bei einem Ausritt gute Dienste leisten. Zur Vorbeugung von Verletzungen der empfindlichen Pferdebeine bietet der Zubehörmarkt Gamaschen aus Leder, Lederersatzmaterial oder Nylon- / Neopren-Material an, die den Fessel- und Röhrbeinbereich im unwegsamen Gelände vor Prellungen und Hautabschürfungen bewahren.

In tiefen, rutschigen Böden oder bei Schnee- und Eisglätte haben sich Widiaspikes bewährt, die in Hufeisen oder anschnallbare Hufschuhe geschraubt werden können. Sie ermöglichen ein griffiges Auf- und Abfußen und verhindern ein gefährliches Weggleiten des Pferdes.

Beim beschlagenen Huf helfen in den Wintermonaten so genannte Hoofgrips gegen das Aufstollen von Schnee. Bilden sich nämlich harte Klumpen in den Hufeisen, läuft das Pferd wie auf Stelzen und kann ausgleiten oder umknicken. Der Aufstollschutz besteht aus hufeisenförmigen schmalen Gummischläuchen, die zwischen Huf und Eisen befestigt werden.

In einer so genannten Bananentasche lassen sich die Utensilien für einen Tagesritt gut unterbringen.

Die kleinen Stahlstifte der Widiastollen verhindern ein Ausrutschen auf eisigen oder glitschigen Böden.

Plant man einen Tagesritt, empfiehlt es sich, ein Halfter unter das Zaumzeug zu schnallen, an dem man das Pferd in den Rittpausen sicher anbinden kann. Der Führstrick wird um den Pferdehals gebunden und dient dem Reiter als Halsriemen, an dem er sich an Steilhängen oder in Extremsituationen festhalten kann.

Für den Proviant, die Notfallapotheke, den Regenschutz, das Taschenmesser und andere notwendige Dinge bietet der Fachhandel moderne Satteltaschen aus wasserdichtem, leichtem Kunststoff in allen Größen an, die an den Ringen der Sättel befestigt werden können.

Niemals fehlen sollte auf sämtlichen Ausritten ein Handtelefon, mit dem man im Ernstfall schnell Hilfe herbeiholen kann. Auch wenn

Mit einem Handy kann man auch in den entlegensten Gegenden den Notruf erreichen.

keine normale Verbindung auf Grund des fehlenden Telefonnetzes möglich ist, funktionieren die bekannten Notrufnummern jedoch immer. Die Nummer des Tierarztes, des Heimatstalls und andere sollte man bereits vor dem Ausritt einspeichern, weil man in einer Notsituation oftmals zu aufgeregt ist, Telefonnummern erst herauszufinden.

Sicherheitstraining fürs Gelände

Die wirksamste Unfallverhütung ist eine solide Grundausbildung von Reiter und Pferd sowie eine spezielle Vorbereitung auf das Ausreiten. Denn viele geländerelevante Übungen und außergewöhnliche Situationen lassen sich auf einem sicher umzäunten Reitplatz eintrainieren. Da sich aber leider nicht jeder Sturz vermeiden lässt, muss der Geländereiter auch wissen, was im Ernstfall zu tun ist.

Nachstellen schwieriger Geländesituationen

Unebenes Gelände verlangt vom Pferd erhöhte Aufmerksamkeit und gute Trittsicherheit. Das kann man mit einer gezielten Stangenarbeit schulen. Hierzu werden mehrere Stangen hintereinander gelegt, die zunächst im Schritt, später auch im Trab überritten werden. Die Abstände zwischen den Stangen betragen für die Schrittarbeit circa 80 Zentimeter bis einen Meter und für die Arbeit im Trab 1,35 bis 1,45 Meter. Im Trab geht der Reiter in den leichten Sitz, um das angestrebte Strecken des Halses nicht zu behindern.

Für ungeübte Pferde stellen Engpässe im Gelände häufig ein großes Problem dar. Grund ist der besondere Blickwinkel des Pferdes durch die seitlich angeordneten Augen (270-Grad-Blick). Entweder weigern sie sich hindurchzugehen oder sie werden aus Angst zu

Das Rückwärtsrichten in der Stangengasse bereitet auf Engpässe im Gelände vor.

eilig, was gefährlich werden kann, wenn das Pferd oder der Reiter in der Hast anecken oder hängen bleiben. Künstliche Engpässe lassen sich in der Reitbahn durch schmale Gassen aus Stangen, Tonnen, Hindernisstangen oder Strohballen simulieren. Hier kann man dem Pferd in Ruhe beibringen, ohne Furcht hindurchzugehen, gelassen stehen zu bleiben und sich rückwärts richten zu lassen.

Veränderte Bodenbeschaffenheiten können ein unvorbereitetes Pferd ebenfalls leicht aus der Fassung bringen, vor allem, wenn es beim Auffußen plötzlich ungewöhnliche Geräusche hört. Durch am Boden ausgelegte Plastikplanen, Folien oder ausrangierte Teppiche, die man mit Stangen oder Strohballen sicher beschwert, können Pferde an schwierige Bodenverhältnisse gewöhnt werden. Hierzu führt man zunächst sein Pferd über den spiegelnden und knisternden Untergrund, bis es angstfrei und ohne Hast darüber schreitet. Wenn das Pferd genügend Vertrauen gewonnen hat, wiederholt man die Übung vom Sattel aus.

Dumpfe, hohle Geräusche, wie sie beim Überqueren einer Holzbrücke erschallen, lassen sich durch das Überreiten eines breiten, stabilen Brettes eintrainieren. Auch mit schwankenden Böden wie zum Beispiel Stegen oder Rampen sollte das Geländepferd vertraut gemacht werden, indem man das Brett über mehrere Autoreifen oder über ein massives Rund-

Durch das Reiten über eine Plastikplane lernt das Pferd ungewöhnliche Bodenverhältnisse kennen. Der Strohballenstapel imitiert zugleich eine Engstelle.

Das Überschreiten einer Wippe simuliert schwankende Untergründe.

holz legt. Eine solche Wippe, über die das Pferd wiederum zuerst geführt und später geritten wird, ist nebenbei eine gute Vorübung für das Verladetraining.

In einigen Reitanlagen gibt es künstliche Erdwälle, an denen der Geländereiter das Bergab- und Bergaufreiten einüben kann. An angelegten Wassergräben lässt sich das Geländepferd außerdem auf natürliche Wasserstellen wie Pfützen oder Bäche bestens vorbereiten. Erst wenn einem das Pferd willig an der Hand folgt, kann man Wasserstellen auch vom Sattel aus passieren.

Schließlich sollte man mit seinem Pferd auch das Überspringen kleinerer Naturhindernisse wie zum Beispiel Baumstämme trainieren. Als Übungsmaterial auf dem Reitplatz können Cavaletti oder Strohballen dienen. Das Pferd soll lernen, diese Hindernisse richtig zu taxieren und flüssig zu überspringen. Dazu muss der Reiter seinem Pferd die entsprechende Hilfestellung geben. Aus dem Arbeitsgalopp wird das Pferd vor dem Hindernis kurz aufgenommen, um es aufmerksam zu machen. Nur so kann es den richtigen Absprung finden. Während des Sprungs legt der Reiter seinen Oberkörper vor und gibt dem Pferd genügend Zügelfreiheit, damit es sich ausbalancieren kann. Nach dem Sprung nimmt der Reiter die Zügel wieder auf und galoppiert in ruhigem Tempo weiter.

Das Überspringen niedriger Hindernisse gehört zum Sicherheitstraining fürs Geländereiten.

Für alle Bodenhindernisse sollte man sich immer genügend Zeit nehmen. Erzwingen lässt sich hier nichts. Nur mit Geduld und Übung kommt man zum Ziel.

Erste Hilfe für Reiter und Pferd

Besonders Geländereiter müssen über schnelle Maßnahmen am Unfallort Bescheid wissen. Die erste Hilfe umfasst alle behelfsmäßigen Handlungen bis zum Eintreffen des Arztes oder des Tierarztes, um Schmerzen zu lindern und das Risiko von Folgeschäden oder -erkrankungen zu begrenzen. Als verantwortungsbewusster Geländereiter sollte man deshalb unbedingt einen Erste-Hilfe-Kurs belegen, den zum Beispiel das ortsansässige Rote Kreuz durchführt. Über die Notfall-Maßnahmen bei Pferden klären entsprechende Fachbücher, Videos sowie Lehrgänge auf. Alle Erste-Hilfe-Maßnahmen sollten regelmäßig geübt werden. Zudem empfiehlt sich der Abschluss einer privaten Unfallversicherung.

Schwer verletzte, bewusstlose Reiter müssen in die stabile Seitenlage gebracht und vor Witterungseinflüssen geschützt werden. Bei Atemstillstand muss der Rachenraum frei gemacht werden (verschluckte Zunge), der Kopf in den Nacken gelegt und künstlich beatmet werden. Stark blutende Wunden versucht

Nicht alle Reitunfälle gehen glimpflich aus!

man mit einem Druckverband zu stillen, indem man einen Bausch Verbandsmaterial auf die steril abgedeckte Wunde legt und mit einer Mullbinde fest umwickelt. Bei Arm- und Beinbrüchen wird die Kleidung entfernt oder aufgeschnitten und die Bruchstelle mit einem Stock oder Ähnlichem notdürftig geschient. Der Raum zwischen Behelfsschiene und Gliedmaße muss mit Watte oder Tüchern gepolstert werden. Der Verunglückte darf dabei nur oberhalb der Bruchstelle angefasst werden! Liegt der Bruch im Rückgrat oder Becken, lässt man das Unfallopfer flach auf hartem Untergrund liegen. Bei schweren Stürzen muss auch immer mit inneren Verletzungen gerechnet werden, wenn Schmerzen auftreten. Bei Brustverletzungen muss der Oberkörper hoch gelagert werden, bei Bauchverletzungen ist eine flache Lagerung mit angezogenen Beinen erforderlich. Wenn der Kopf bei einem Unfall in Mitleidenschaft gezogen ist, kann eine Gehirnerschütterung vorliegen. Symptome sind Brechreiz, Schwindel und Kopfschmerz. Blutungen aus Mund, Nase oder Ohren deuten zudem auf einen Schädelbasisbruch hin. In diesem Fall darf der Verletzte nicht bewegt werden. Der Kopf muss wegen der Erstickungsgefahr infolge eventuell Erbrochenem zur Seite gedreht werden. Bei einem Schock müssen die Beine hoch gelagert und der Verunglückte muss warm zugedeckt werden.

Vorgehensweise im Notfall

- Ruhe bewahren und Überblick behalten!
- Frei laufende Pferde einfangen, gegebenenfalls sicher anbinden
- Feststellen, was genau passiert ist, und falls erforderlich, Hilfe mittels Handy herbeiholen
- Notwendige Erste-Hilfe-Maßnahmen einleiten

Als Ersatz-Verbandsmaterial können dienen:

- Zellstoff-Taschentücher als Wundabdeckung
- In Streifen gerissene Kleidungsstücke wie zum Beispiel Hemdsärmel als Binde oder Bandage
- Dicke Kleidung wie Pullover, Laub oder Moos als provisorische Polsterstoffe
- Gürtel oder Steigbügelriemen zum Fixieren oder Abbinden
- Mäntel oder Jacken zum Zudecken beziehungsweise Warmhalten

Schwer verletzte, liegende Pferde dürfen nicht aufgescheucht werden, sondern müssen möglichst von einer Vertrauensperson beruhigt werden. Bei offensichtlichen Kreislaufstörungen wie Zittern oder Schwanken muss das Pferd sofort warm eingedeckt werden. Zur Beruhigung und zum Abbau von Angst- und Schockzuständen können Bachblüten-Notfalltropfen zum Beispiel auf einem Stück Brot verabreicht werden. Über die Dosierung der Beruhigungstropfen, die in der Apotheke erhältlich sind, sollte man sich rechtzeitig kundig machen. Bei

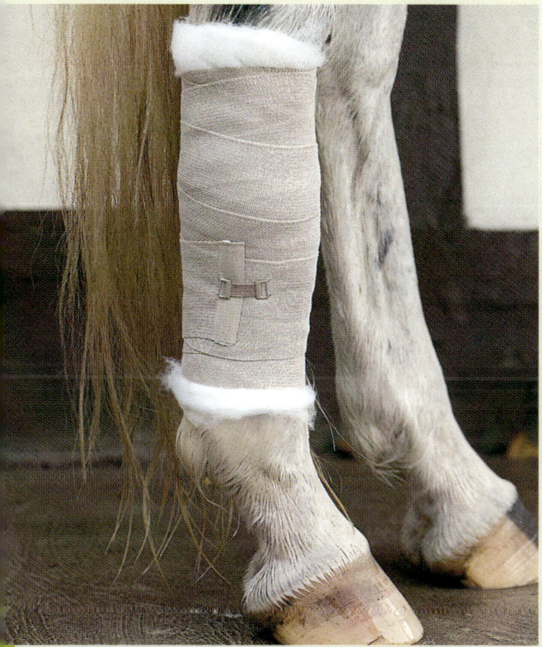

Jeder Reiter sollte in der Lage sein, einen solchen behelfsmäßigen Wundverband anzulegen.

Eine Notfallapotheke sollte unter anderem sterile Verbandsstoffe, selbsthaftende Bandagen, Klebeband und eine Verbandsschere enthalten.

Blutungen darf das Pferd nicht bewegt werden. Über eine sterile Wundabdeckung legt man reichlich Verbandswatte und fixiert diese mit einer elastischen Bandage.

Bei einer Arterienblutung, bei der hellrotes Blut aus der Wunde pulsiert, ist ein Druckverband zum Abdrücken der Arterie und zum Zusammenfügen der Wundränder notwendig. Falls erforderlich und möglich, muss die Blutung kurzfristig herzwärts abgebunden werden, bis der Verband gelegt ist. Auf keinen Fall darf das Glied länger als zehn Minuten am Stück abgebunden sein.

Verladen und Handpferdereiten einüben

Lahmende Pferde oder Pferde mit blutenden Wunden, Schock oder Kreislaufproblemen müssen nach der Notversorgung mit einem Transporter von der Unfallstelle in den Heimatstall oder in die Pferdeklinik gefahren werden. Pferde, die sich nur schwer oder gar nicht verladen lassen, stellen im Notfall ein großes Problem dar. Darum sollte man beizeiten das Verladen mit seinem Pferd trainieren, damit nicht wertvolle Zeit verloren geht, wenn Eile geboten ist. Pferden, die sich nur widerwillig verladen lassen, kann man zunächst zusammen mit einem befreundeten Artgenossen das Hängerfahren erleichtern. Vielleicht fährt man das Pferd, anstatt es zu führen, auch mal auf eine neue Weide. So verbindet es mit der Fahrt im Hänger etwas Positives. In ganz hartnäckigen Fällen sollte man sich mittels Fachliteratur, Lehrvideos oder Kursen über ein spezielles Verladetraining informieren oder sich von erfahre-

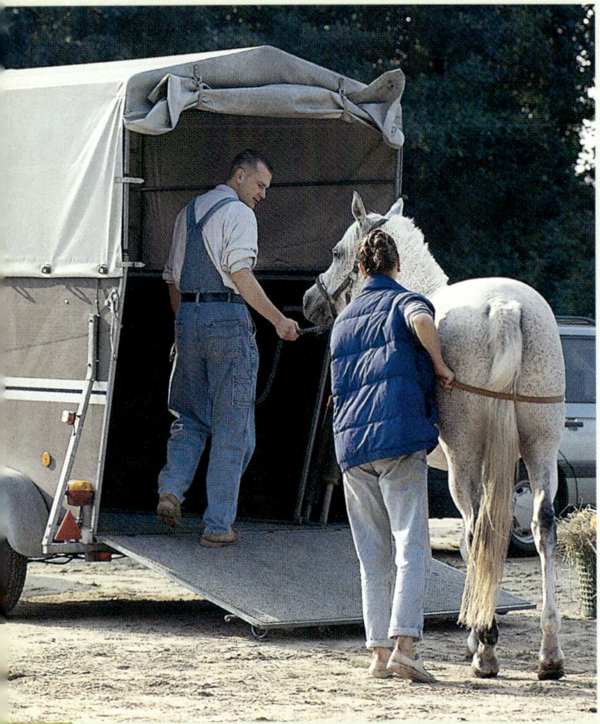

Das Verladen des Pferdes sollte man für den Ernstfall rechtzeitig einüben.

Das Reiten mit Handpferd trainiert man zunächst auf dem Reitplatz, ...

nen Pferdeleuten zeigen lassen, wie man seinem Pferd den Gang in den Hänger gewaltfrei beibringen kann.

Geländereiter sollten weiterhin in der Lage sein, das Pferd eines verletzten Mitreiters sicher nach Hause zu bringen. Hierzu ist es erforderlich, das Mitführen eines Handpferdes zu erlernen. Das Handpferdereiten übt man wiederum zunächst auf dem Reitplatz ein. Das gerittene Pferd sollte absolut zuverlässig sein und sich mit der üblichen Zäumung auch einhändig lenken und zügeln lassen. Das Handpferd wird entweder mit der gewohnten Trense oder einem stabilen Halfter und Führkette beziehungsweise Führstrick ausgerüstet. Beide Pferde müssen sich gut verstehen und im Idealfall größenmäßig miteinander harmonieren.

Das Handpferd soll lernen, etwa auf Schulterhöhe des Reitpferdes mitzulaufen, ohne zu drängeln oder zu bummeln. Auf entsprechende Kommandos und Zeichen soll das Handpferd ferner synchron mit dem Reitpferd antreten, antraben, durchparieren, abwenden und anhalten können. Es muss außerdem lernen, sich bei Engpässen hinter dem gerittenen Pferd einzuordnen. Erst wenn alle Übungen in der Reitbahn reibungslos klappen, kann man die ersten Versuche in einem ruhigen, ungefährlichen Gelände wagen.

... *bevor man die ersten Ausflüge ins Gelände unternimmt.*

Im Ernstfall sollte jedoch genau abgewägt werden, ob sich Reit- und Handpferd weder beißen noch treten. Vertragen sich die beiden Pferde nicht oder neigt eines der Pferde zum Scheuen oder Durchgehen, ist das Unternehmen zu gefährlich. In diesem Fall sollte man Hilfe herbeiholen und einen befreundeten Reiter bitten, das reiterlose Pferd nach Hause zu führen beziehungsweise zu reiten. Falls es nicht zu riskant ist (Straßenüberquerungen oder andere Gefahrenstellen), kann man beide Pferde rechts und links an die Hand nehmen und im Schritt zum Heimatstall führen. Auch das Führen zweier Pferde lässt sich im Vorfeld auf dem Reitplatz eintrainieren.

Gefahrensituationen in Wald und Flur souverän meistern

Viele Reitunfälle geschehen aus mangelnder Voraussicht oder durch die Fehleinschätzung gefährlicher Situationen im Gelände. Das Unfallrisiko lässt sich jedoch reduzieren, wenn man potenzielle Gefahrenquellen rechtzeitig erkennt, sich vorschriftsmäßig verhält und gegebenenfalls angemessene Vorbeugemaßnahmen ergreift. Miserable Bodenverhältnisse, schwierige Geländehindernisse, brenzlige Situationen, Unwetter und schlechte Sichtverhältnisse verlangen vom Geländereiter erhöhte Vorsicht und Aufmerksamkeit.

Außerdem sollte man mindestens zu zweit ausreiten, um sich in einer Unfallsituation gegenseitig helfen zu können.

Geländehindernisse und schwieriges Geläuf

Unterwegs treffen Geländereiter oft auf Hindernisse wie Gräben, umgefallene Bäume oder Schranken, die den Reitweg versperren und die entweder umritten oder übersprungen werden müssen. Schmale Gräben und Baumstämme können von geübten Reitern und Pferden im Schritt oder mit einem sicheren Sprung überwunden werden, sofern es die Bodenverhältnisse zulassen. Schranken aus Holz oder Metall darf man jedoch auf keinen Fall springen, weil

Eine Schranke muss man vorsichtig umreiten.

die Gefahr, an einem solchen relativ hohen und festen Hindernis hängen zu bleiben, viel zu groß wäre! Deshalb müssen Schlagbäume immer mit einem sicheren Abstand zum Pferd und Reiterbein umritten werden.

Breite Gräben überwindet man, indem man sie bei geringer Böschungsneigung schräg und bei steilen Böschungen gerade durchreitet. Dabei wird prinzipiell Schritt gegangen, um ein Wegrutschen des Pferdes zu verhindern. Ist es zu riskant einen Graben zu durchreiten, muss man den nächstgelegenen Übergang ausfindig machen.

In Engpässe kann man als Geländereiter vor allem auf zugewachsene Pfaden geraten, die sich oft als Sackgasse erweisen. In diesem Fall muss man sein Pferd so lange rückwärts richten, bis eine Möglichkeit zum Wenden gefunden ist. Wenn das Geländepferd auf derartige Aktionen gut vorbereitet ist, wird es Engpässe ohne Panik bewältigen. Das Passieren von Engstellen sollte aus Sicherheitsgründen stets mittig und im Schritt erfolgen.

Prinzipiell Schritt geritten wird auch bei ungünstigen Bodenbeschaffenheiten wie gefrorenen oder steinigen Böden, auf Asphaltpisten, im tiefen oder glitschigen Boden sowie auf sehr uneben Wegen. Beim Erklimmen eines Steilhangs ist ebenfalls die Gangart Schritt zu wählen, um einen Sturz des Pferdes zu vermeiden. Das Berganreiten erfolgt mit vorgebeugtem Oberkörper, um das Pferd zu entlasten. Die Zügel müssen hierbei so lang gelassen werden, dass sich das Pferd mit seinem Hals ungehin-

Wenn rechts und links des Weges Gestrüpp wuchert, wird es eng.

Herunterhängenden Ästen muss der Reiter durch Ducken ausweichen.

Ein gut ausgebildetes Geländepferd geht sicher durch einen Bach.

dert ausbalancieren kann. Bei einem extremen Gefälle wird das Pferd vorsichtshalber geführt. Hierbei darf man niemals vor, sondern muss seitlich vom Pferd gehen, falls es ins Straucheln gerät!

An Waldrändern oder auf Waldwegen muss stets mit tief hängenden Ästen gerechnet werden. Kann der Reiter nicht ausweichen, muss er sich rechtzeitig ducken, um die Zweige nicht ins Gesicht zu bekommen. Ist man mit mehreren Pferden unterwegs, sollte unbedingt ein ausreichender Sicherheitsabstand zum Vorreiter eingehalten werden, damit eventuell zurückschnellende Äste Reiter und Pferd nicht verletzen können.

Bäche und Flüsse sollte man nur mit an Wasser gewöhnten Pferden durchqueren. Denn

Geraten frei laufende Hunde außer Kontrolle, kann es für den Reiter gefährlich werden.

wasserunerfahrene oder wasserscheue Tiere können für den Reiter gefährlich sein, wenn sie nervös werden oder gar steigen. Gut vorbereitete und routinierte Pferde sollten Wasserstellen jedoch sicher passieren können. Will man einen Bach oder Fluss durchreiten, wählt man die flachste Furt mit möglichst festem Untergrund. Vor dem Durchqueren von Flüssen muss man sich außerdem vergewissern, dass der Wasserstand nicht zu hoch und die Strömung nicht zu stark ist. Sonst könnte das Pferd leicht den Halt verlieren und nicht nur sich, sondern auch seinen Reiter gefährden!

Mögliche Gefahren sicher bewältigen

Außergewöhnliche Situationen oder Ereignisse sowie Angst einflößende Gegenstände erfordern vom Geländereiter große Wachsamkeit und präventives Handeln. In Wald und Flur müssen sich Reiter auf Begegnungen mit anderen Erholungssuchenden wie zum Beispiel Spaziergängern, Pilzsammlern oder Mountainbikern einstellen, die in der Regel nichts von Pferden verstehen. Aufgrund dieser Unkenntnis verhalten sich manche Menschen falsch und können so den Reiter in Gefahr bringen. Der Geländereiter muss solche Fehlreaktionen einkalkulieren und durch entsprechende Maßnahmen wie Durchparieren, Sicherheitsabstand oder Ausweichmanöver Konflikten oder Unfällen vorbeugen. Größte Vorsicht ist bei frei laufenden Hunden geboten, die beim Pferd den natürlichen Fluchttrieb vor Raubtieren auslösen können, wenn der Hund ihm hinterher läuft oder es gar anspringt. Hunde, die nicht gehorchen, müssen deshalb rechtzeitig an die Leine genommen werden, was man dem Hundehalter durch Zuruf oder Handzeichen verständlich macht. Ein weiteres Problem stellen Pferdekoppeln und andere Weidetiere dar, an denen

An Viehweiden sollte man Vorsicht walten lassen.

man immer im Schritt und mit großem Abstand vorbeireiten sollte. Denn das Mitlaufen von Weidepferden am Zaun beziehungsweise die ungewöhnlichen Laute, Bewegungen und Gerüche von Nutztieren, Exoten oder Wildtieren können ein Pferd in Angst und Schrecken versetzen und zum Scheuen oder Durchgehen veranlassen. Um eine Ansteckungsgefahr und die Möglichkeit einer Verletzung durch Beißen oder Auskeilen auszuschließen, sollte man die Tiere sich außerdem nicht beschnuppern lassen.

Um nicht ungewollt in die Schusslinie zu geraten, sollten sich Geländereiter bei ihrer zuständigen Revierförsterei über das saisonale Jagdgeschehen in ihrer Region informieren. Mit vermehrtem Abendansitz auf Hochsitzen muss von Mitte Mai bis Ende August gerechnet werden. Treibjagden finden überwiegend von Oktober bis Januar statt. Doch nicht nur schießende Jäger, sondern auch die Wildtiere können das Geländepferd erschrecken. Auf Wildwechsel muss man vor allem an Waldrändern sowie aus Kornfeldern, Unterholz und Wildäckern gefasst sein. Meist wittern die Pferde die Wildtiere aber schon lange bevor der Mensch sie entdeckt, sodass der Reiter entsprechend reagieren kann. Ferner können einzelne Waldabschnitte wegen Baumfällarbeiten zeitweise gesperrt sein. Baumfällungen und Holzrückearbeiten können für Reiter lebensgefährlich werden! Bei entsprechenden Hinweisschildern darf man deshalb auf keinen Fall weiterreiten.

Furcht erregende Gegenstände wie beispielsweise eine knallrot gestrichene Bank, die plötzlich am Waldrand auftaucht, oder herumflatternde Plastikplanen, die ein Landwirt auf dem Feld vergessen hat, können selbst erfahrene Geländepferde aus der Fassung bringen. Hier sollte man beruhigend auf das Pferd einwirken. Falls es sich verweigert, sollte man nicht versuchen, es vorbei zu treiben, sondern ihm Zeit lassen zu schauen oder es – falls möglich – an dem vermeintlich gefährlichen Gegenstand schnuppern lassen. Wenn das Pferd die Harmlosigkeit erkannt hat, wird es sich meist auch problemlos daran vorbeireiten lassen.

Wo dieses Warnschild steht, müssen Geländereiter unbedingt umkehren.

Silageballen am Wegesrand können Geländepferde zum Stutzen bringen.

Seen und Tümpel müssen bei drohenden Blitzen sofort verlassen werden!

Wenn es draußen dämmert, sind Pferd und Reiter bestenfalls in Umrissen erkennbar. Dieser Reiter sollte auf eine korrekte Ausrüstung mit Kappe und leuchtendem, reflektierendem Zubehör achten.

Reiten bei schlechter Witterung und Dunkelheit

Die Kleidung des Geländereiters sollte stets der jeweils vorherrschenden Witterung angepasst sein und sicher vor Nässe, Kälte oder Wind schützen. Der Zubehörmarkt bietet eine Auswahl an wetterfester Schutzkleidung an. Grundsätzlich sollten sich Geländereiter vor dem Ausritt an Wetterprognosen und anderen offenkundigen Hinweisen, die einen möglichen Wetterumschwung ankündigen, orientieren, damit sie nicht unverhofft in eine Schlechtwetterfront geraten. Wird man dennoch von einem plötzlich aufziehenden Gewitter überrascht, muss man sofort einen sicheren Ort aufsuchen. Vor Blitzen geschützt ist man in Gebäuden mit Blitzableitern, zum Beispiel in dem nächstgelegenen Bauernhof oder in einer Straßenunterführung. Relativ sicher ist man auch in Hohlwegen, Talsenken und im Waldesinnern mindestens 150 Meter vom Waldrand entfernt. Dagegen sind Bergkuppen, Hochebenen, Freiflächen, einzeln stehende Schuppen oder Bäume sowie Strommasten und Wasserstellen bei Gewitter lebensgefährlich.

Auch starke Sturmböen vor allem im Herbst, die Gegenstände durch die Luft wirbeln, oder Eisregen in der Winterzeit, der innerhalb von Minuten alle Wege in eine spiegelglatte Eisfläche verwandelt, können Geländereiter in große Gefahr bringen. Wissentlich sollte man nie ein solches Risiko eingehen, sondern entweder den Ausritt sofort abbrechen oder verschieben und abwarten, bis die Gewitterfront oder das Sturmtief abgezogen ist.

Im dichten Nebel, in der Dämmerung und bei Dunkelheit sind Geländereiter nur schwer ausfindig zu machen und werden oft zu spät erkannt.

Besonders im Straßenverkehr kann das riskant werden. Die Straßenverkehrsordnung schreibt deshalb bei schlechter Sicht und im Dunkeln eine ausreichende Beleuchtung durch Stiefellampen oder Leuchtgamaschen beziehungsweise Reflexionsstreifen vor, die jeder Einzelreiter sowie der erste und der letzte Reiter in einem geschlossenen Reitverband anbringen muss. Im Reitsporthandel ist außerdem leuchtendes und reflektierendes Zubehör erhältlich, mit dem man sich und sein Pferd zusätzlich ausrüsten kann. Das dient der eigenen Sicherheit und sorgt dafür, dass man rechtzeitig von anderen Verkehrsteilnehmern gesehen wird. Zudem sollte man bei ungünstigen Sichtverhältnissen nur auf breiten und sicheren beziehungsweise auf entsprechend beleuchteten Wegen reiten.

Fluoreszierende Schlupfwesten und reflektierende Bänder leuchten gut sichtbar im Scheinwerferlicht.

Weiden, die direkt an eine Straße grenzen, sind für verkehrsunsichere Pferde ideal.

Sicher über Straßen, Schienen und Brücken

Besondere Vorsicht ist beim Reiten im Straßenverkehr geboten. Das Geländepferd muss deshalb beizeiten an Fahrzeuge und Autolärm gewöhnt werden. Als Reiter ist man verpflichtet, die gesetzlichen Bestimmungen der Straßenverkehrsordnung zu kennen und einzuhalten. Darüber hinaus sollte man zu seiner eigenen Sicherheit weitere Vorsichtsmaßnahmen ergreifen. Verkehrsunsichere Pferde stellen ein erhöhtes Unfallpotenzial dar. Das Vertrautmachen mit dem Straßen- und Schienenverkehr soll darum so früh wie möglich erfolgen. Koppeln, die unmittelbar an einer viel befahrenen Straße oder an einem Bahngleis liegen, sind für diesen Zweck besonders geeignet. Denn auf solchen Weiden, die selbstverständlich fest und ausbruchsicher eingezäunt sein müssen, gewöhnen sich Pferde relativ schnell und quasi nebenbei an den Verkehr und seine Geräuschkulisse.

Wer diese Möglichkeit nicht hat, kann sein Pferd zunächst auf dem Hofgelände an Fahrzeuge heranführen und an Motorgeräusche und Hupen gewöhnen. Später übt man dann an der Seite eines verkehrssicheren Artgenossen auf wenig befahrenen Straßen und neben

Große Fahrzeuge wie Traktoren können ängstliche Pferde nervös machen.

Das Vertrautmachen mit Fahrbahnmarkierungen gehört zur Verkehrserziehung eines Pferdes.

Wo dieses Schild steht, herrscht striktes Reitverbot.

Bahngleisen. Zu bedenken ist ferner, dass sich Pferde besonders vor sehr großen oder lauten Fahrzeugen fürchten. Zischende Busse, knatternde Motorräder, rappelnde Güterwagons oder die flatternde Plane eines Lastwagens sind für unsichere Pferde wahre Schreckgespenster. Um sich und andere Verkehrsteilnehmer nicht unnötig in Gefahr zu bringen, sollte man hier anfangs besser absitzen und sein Pferd führen, bis es die Angst davor verloren hat.

Einige Pferde scheuen auch vor den weißen Fahrbahnmarkierungen. Während die einen solche Markierungslinien als Hindernis betrachten und darüber springen, lassen sich andere erst gar nicht dazu bewegen, diese zu überschreiten. Manche Pferde weigern sich auch auf Gullydeckel zu treten und machen plötzlich einen Schlenker. Im öffentlichen Verkehr können solche unberechenbaren Verhaltensweisen sehr gefährlich werden. Deshalb sollte man sein Pferd auch mit solchen Dingen konfrontieren und an einem sicheren Ort üben.

Gesetzliche Regelungen für Reiter

Für Reiter gelten grundsätzlich die gleichen Verkehrsregeln wie für Fahrzeuge. Verkehrsschilder und Ampeln sind für Reiter genauso gültig wie für alle anderen Verkehrsteilnehmer. Beispielsweise müssen Reiter vor einer roten Ampel stehen bleiben oder an Kreuzungen die Vorfahrtsgebote beachten. Bürgersteige und Fahrradwege dürfen von Reitern nicht benutzt

Auf der Straße gilt das Rechtsreitgebot.

Vor einem Richtungswechsel muss der Reiter ein entsprechendes Handzeichen geben.

werden. Ein rundes Schild mit weißem Untergrund, schwarzem Reiter und rotem Rand untersagt das Reiten ausdrücklich.

Pferd und Reiter werden in der Straßenverkehrsordnung als „langsames Fahrzeug" eingestuft und müssen als solches den äußersten rechten Fahrbahnrand oder den befestigten Seitenstreifen benutzen. Kleinere Reitgruppen reiten hintereinander, größere Gruppen zu zweit nebeneinander. Verkehrsunsichere Pferde sollten dabei immer auf der verkehrsabgewandten Seite laufen. Sehr große Reitgruppen müssen sich zu je sechs Paaren aufteilen und einen Mindestabstand von 25 Metern zwischen den Abteilungen einhalten.

Wer abbiegen oder ausscheren will, muss ein deutliches Handzeichen geben und sowohl den rückwärtigen als auch den entgegenkommenden Verkehr beachten. Trifft der Reiter also auf ein Hindernis wie zum Beispiel ein parkendes Auto, das er umgehen will, muss er das rechtzeitig ankündigen und mit genügend Sicherheitsabstand daran vorbeireiten.

Will man als Reiter eine Straße überqueren, muss das ebenfalls durch Handzeichen dem fließenden Verkehr verständlich gemacht werden. Einzelne Reiter oder Reiterpaare warten am Fahrbahnrand eine ausreichende Verkehrslücke ab und reiten dann zügig hinüber. Große Reitergruppen schließen dicht auf und sammeln sich zu zweit an der Kreuzung, bis eine gefahrlose Überquerung der Straße möglich ist. Auf Schnellstraßen ist es erforderlich, den Verkehr in beiden Fahrtrichtungen anzuhalten. Hierzu stellen sich die ersten beiden Reiter in der Mitte der Fahrbahn links und rechts der Reitgruppe auf und stoppen die Fahrzeuge durch Heben eines Armes.

Reiter dürfen Straßen nur überqueren, wenn eine größere Verkehrslücke besteht. Wichtig ist, dass die Reiterin einen Reithelm trägt, da sonst kein Versicherungsschutz besteht.

Pferde werden auf der Straße am rechten Fahrbahnrand geführt.

Laut Gesetz sind Pferde im Straßenverkehr nur dann zugelassen, wenn sie von geeigneten Personen begleitet werden. Das heißt, die Personen müssen ausreichend auf das gerittene oder geführte Pferd einwirken können, also über entsprechende reiterliche und körperliche Fähigkeiten verfügen. Das Pferd muss dabei so gezäumt sein, dass eine Einwirkung möglich ist. Die genaue Frage nach der Zäumung sollten Sie im Vorfeld mit der Versicherung klären. Geführt wird ebenfalls am äußersten rechten Straßenrand. Werden mehrere Pferde mitgeführt, müssen sie miteinander verbunden sein (bis zu vier Pferde!) und auf der verkehrsabgewandten Seite gehen. Aus Sicherheitsgründen sollte man im Straßenverkehr aber nach Möglichkeit immer nur ein Pferd führen.

Auch im Schienenverkehr unterliegen Reiter den gesetzlichen Bestimmungen. Das Überqueren von Bahngleisen auf freier Strecke ist streng verboten. Davon abgesehen wäre es lebensgefährlich! Deshalb müssen Reiter wie alle anderen Verkehrsteilnehmer die offiziellen Bahnübergänge benutzen. Bei einem beschrankten Übergang bleibt man in sicherem Abstand zum Verkehr und zur Schranke stehen und reitet erst dann hinüber, wenn die eventuell wartenden Autos losgefahren sind. Ganz besondere Vorsicht ist bei unbeschrankten Bahnübergängen geboten. Hier sollte man sich nicht allein auf die Signale verlassen, sondern sich vor der Gleisüberquerung vergewissern, ob die Strecke frei ist.

Im gesamten Verkehrsbereich sollten sich Reiter aus Gründen der eigenen Sicherheit

Auch für Reiter gilt: Schienen dürfen nur an öffentlichen Übergängen passiert werden.

jederzeit umsichtig und defensiv verhalten. Mit Fehlreaktionen anderer Verkehrsteilnehmer muss stets gerechnet werden. Eventuell zu schnell oder zu dicht auffahrende Fahrzeuge sollten durch Handzeichen zum Abbremsen beziehungsweise Abstand halten aufgefordert werden.

Reiten über Brücken, durch Unterführungen und Ortschaften

Wo immer man als Reiter die Möglichkeit hat, Straßen oder Gleise durch Brücken oder Unterführungen zu umgehen, sollten diese Alternativen genutzt werden. Voraussetzung ist allerdings, dass solche Bauwerke für den allgemeinen Kraftfahrzeugverkehr gesperrt sind. Sonst hat man im Notfall keine Ausweichmöglichkeit und das kann sehr gefährlich werden. Doch auch an das Überreiten einer unbefahrenen Brücke muss das Pferd erst gewöhnt werden. Die ungewohnte Umgebung, die tiefen Abgründe und der fließende Verkehr, der quasi unter seinen Hufen hindurchsaust, flößen vielen Pferden Angst ein. Deshalb sollte man anfangs an der Hand und in Begleitung eines mit Brücken bereits vertrauten Artgenossen üben.

Beim Durchreiten von Unterführungen hat man das gegenteilige Problem, weil hier der Verkehr sozusagen über den Kopf des Pferdes hinwegrattert. Zudem sind Pferden die veränderten Lichtverhältnisse und das Hallen jeglicher Geräusche in einem solchen tunnelartigen Gebäude nicht geheuer. Die ersten Male

Unterführungen sind eine sichere Alternative für Gleis- und Straßenüberquerungen.

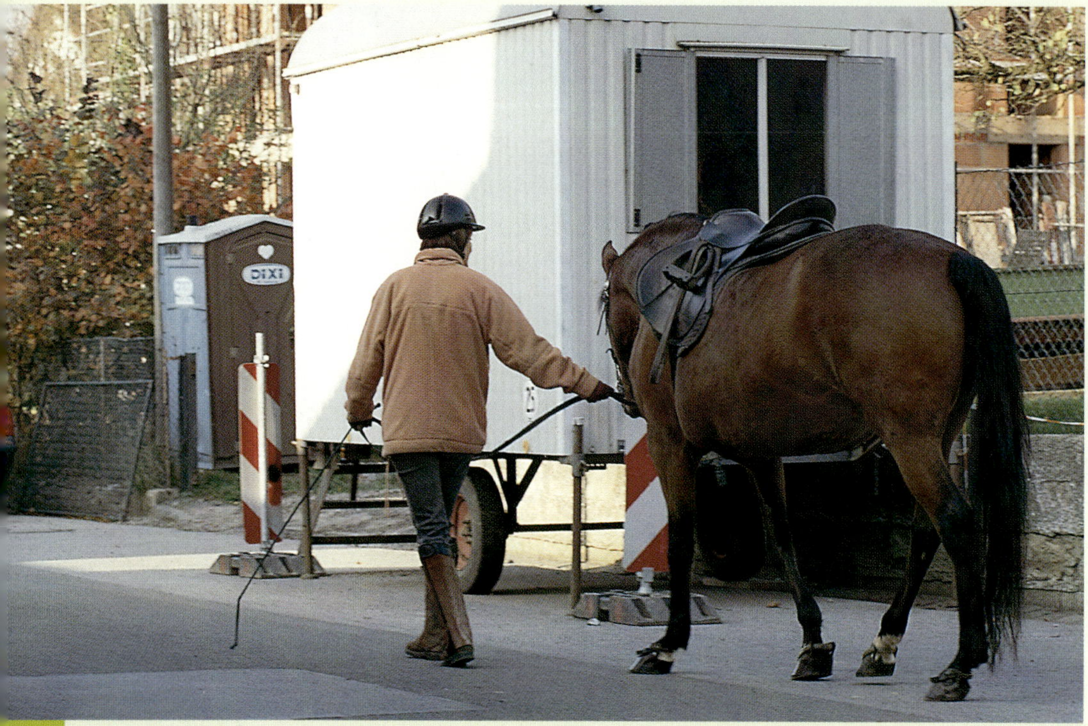

An Baustellen manövriert man sein Pferd vorsichtig vorbei.

sollte man darum besser führen und ein verlässliches Pferd vorausgehen lassen.

Gelegentlich ist es erforderlich, dass man durch Dörfer oder Neubaugebiete reiten muss. Innerorts ist stets mit Schrecksituationen zu rechnen, wenn plötzlich ein Fenster geöffnet wird, Zeitungspapier durch die Gegend fliegt oder ein bellender Hund an den Gartenzaun stürmt. Aus diesem Grund ist es hier zu Fuß sicherer und weniger nervenaufreibend. Besonders gefährlich für Pferd und Reiter sind Baustellen, sie sollten möglichst weiträumig umritten werden. Im Baustellenbereich lauern nämlich viele Gefahren. Lärmende Maschinen, klappernde Gerüste oder Nägel und Drähte, die am Wegesrand liegen, sind nur einige davon.

Kann man jedoch nicht ausweichen, sollte man absitzen und sein Pferd daran vorbeiführen. Und zwar entweder auf der gefahrenabgewandten Seite oder mit ausgestrecktem Arm, der das Pferd bei einem Ausbrechversuch auf Distanz hält.

Sicherheitsrisiko Problempferde

Guckige, widersetzliche oder stürmische Pferde können ihre Reiter im Gelände in sehr gefährliche Situationen bringen. Doch was sind die Ursachen für solche Schwierigkeiten und wie kann man Problempferde erfolgreich korrigieren?

Stürmische Pferde puschen sich im Galopp oft gegenseitig auf.

Die häufigsten Probleme

Eine sehr oft auftretende Schwierigkeit ist die vermehrte Neigung zum Scheuen. Überängstliche Pferde erschrecken sich vor jeder Kleinigkeit, so genannte bodenscheue Tiere sogar vor ihrem eigenen Schatten. Das damit nicht selten verbundene Zur-Seite-Springen oder Steigen kann den Reiter dann in eine sehr heikle Lage bringen. Nicht wenige Pferde gehen auch nach dem Scheuen durch, indem sie ihr Heil in der Flucht suchen. Gerät das Pferd in Panik und rast kopflos davon, lässt es sich nicht mehr zügeln und der Reiter ist relativ machtlos. Auch Pferde mit viel Vorwärtsdrang können außer Kontrolle geraten, wenn sie sich auf den Zügel legen oder hinter dem Zügel gehen und sich dadurch den Reiterhilfen entziehen.

Pferde, die sich nicht einordnen können, stellen bei gemeinschaftlichen Ausritten einen Risikofaktor dar.

Eine sehr unangenehme Eigenart ist das so genannte Kleben. Als Kleber bezeichnet man solche Pferde, die sich gar nicht oder nur mit Mühe von der übrigen Herde wegreiten lassen. Das kann für den Reiter riskant werden, wenn das Pferd plötzlich kehrtmacht und zum Heimatstall zurück will. Auch Pferde, die nicht in der Grup-

Bei einem gewaltigen Bocksprung kann der Reiter in Bedrängnis kommen.

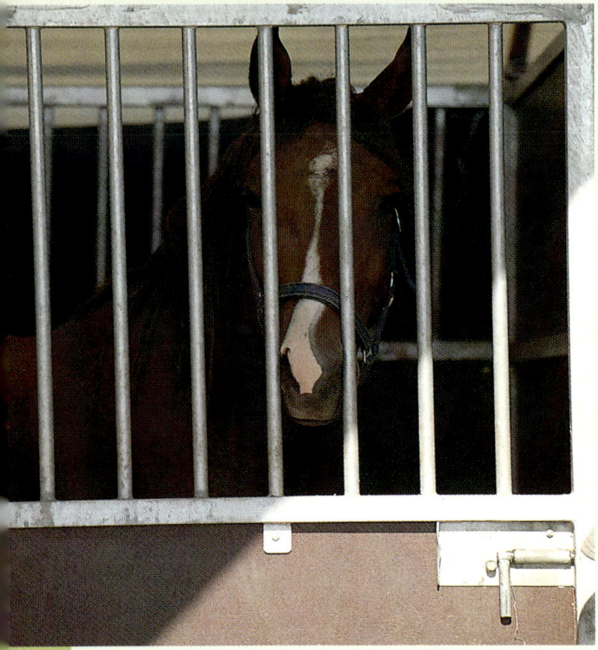

Eine starke Einschränkung des Lauftriebes ist häufig für Überreaktionen beim Ausreiten verantwortlich.

Schlecht sitzende Sättel oder zu schnelles Angurten können zu Sattelzwang führen.

pe gehen, können ihren Reiter und andere Mitreiter gefährden. Die einen lassen sich nicht hinten halten, drängeln und wollen ständig überholen. Andere wieder wollen partout keine Führungsposition übernehmen, brechen aus oder weigern sich weiterzugehen.

Ein nicht zu unterschätzendes Problem ist permanentes Stolpern. Denn Pferde, die bei der kleinsten Unebenheit ankanten, geraten leicht ins Straucheln. Verlieren sie dann ihr Gleichgewicht und können sich nicht mehr fangen, kommen sie zum Sturz und begraben im schlimmsten Fall ihren Reiter unter sich. Viele, vor allem übermütige Pferde neigen zum Buckeln, wenn man angaloppiert, was aber meist harmlos ist. Wiederholtes Bocken mit dem Ziel sich des Reiters zu entledigen, indem das Pferd seinen Kopf weit herunternimmt und den Rücken aufwölbt, kann allerdings sehr gefährlich werden.

Ursachen von Verhaltensstörungen

Untugenden wie Steigen oder Bocken sind keine angeborenen Probleme, sondern werden in der Regel durch Fehler in der Haltung, beim Umgang, in der Ausbildung oder beim Reiten verursacht. Deshalb sollte man selbstkritisch ergründen, welche Defizite das Pferd eventuell hat beziehungsweise was ihm Unbehagen oder gar Schmerzen bereiten könnte.

Bewegungsmangel infolge ausschließlicher Boxenhaltung führt oft zu Unarten wie Stürmen, Durchgehen und Bocken, nicht selten in Verbindung mit einer zu großen Kraftfuttermenge.

Kleber und schreckhafte Pferde sind vor allem unsichere und ängstliche Tiere, die wenig Selbstsicherheit und meist kein Vertrauen zum Menschen haben. Trifft ein solches Pferd zudem auf einen ängstlichen Reiter, verschlimmert sich das Problem noch. Auch schwer wiegende Ausbildungsfehler wie zu frühes oder dilettantisches Einreiten können der Grund sein, wenn ein Pferd versucht, durch Steigen oder Bocken seinen Reiter loszuwerden. Neben schlechten Erfahrungen sind auch Versäumnisse in der Grundausbildung und folgenschwere Reitfehler schuld an vielen Unarten.

So kann permanente Überforderung des Pferdes oder auch zu große Nachgiebigkeit oder ständige Inkonsequenz zu Widersetzlichkeiten führen. Pullen oder Stürmen fördert man geradezu, wenn man immer an denselben Stellen angaloppiert oder dem Pferd erlaubt, sein Tempo selbst zu bestimmen. Zu kurz gehaltene Zügel können Nervosität und Scheuneigung verstärken, und der Versuch durch gleichzeitiges Treiben und Zügeln ein Pferd zu versammeln, hat nicht selten Steigen zur Folge.

Nicht geeignete oder zu scharfe Zäumungen sowie drückende Sättel, die dem Pferd Unwohlsein oder Schmerz zufügen, sind weitere mögliche Verursacher von Unarten wie Steigen, Bocken oder Durchgehen. So kann ein Pferd durch einen nicht fachgerecht angepassten Sattel oder durch zu schnelles Festgurten einen Sattelzwang bekommen und zum notorischen Bocker werden.

Übermäßiges Stolpern ist häufig auf einen überfälligen Hufbeschlag oder einen Beschlag mit zu wenig Zehenrichtung zurückzuführen. Aber auch Stellungsfehler, Erkrankungen des Bewegungsapparates oder der Wirbelsäule, Gebäudemängel oder Verspannungen im Rücken infolge Satteldruck oder einer Vorhandlastigkeit können eine Stolperneigung bewirken.

Schließlich können sämtliche Krankheiten und physische Störungen, die Unbehagen oder Schmerzen bereiten, für auftretende Probleme beim Pferd verantwortlich sein. Zu denken ist hier vor allem an Rücken- oder Zahnprobleme, Muskelentzündungen, Herz- und Lungenkrankheiten, Allergien sowie an Erkrankungen oder Veränderungen der Gliedmaßen und Hufe.

Schwierige Pferde in den Griff bekommen

Zunächst muss man nach dem Grund eines Problems forschen und überlegen, ob und wie man es aus der Welt schaffen kann. Hierzu sollte der Gesundheitszustand, das Exterieur, der Hufbeschlag beziehungsweise die Hufstellung, der Futterzustand und die Ausrüstung des Pferdes kritisch untersucht oder überprüft werden. Ferner müssen Fehler in der Haltung ausgeschlossen werden. Durch die Umstellung auf eine artgerechte Hal-

Das Überreiten von kleinen Baumstämmen fördert die Trittsicherheit eines Pferdes.

tungsform lassen sich Untugenden auf Grund von Bewegungsdefiziten meist rasch beseitigen.

Hektische Pferde, die zum Pullen oder Zackeln tendieren, kann man zudem durch längerfristiges, konsequentes Schrittreiten und später durch einen bewusst häufigen Gangartenwechsel unter Kontrolle bekommen. Pferde, die aus Widersetzlichkeit steigen, können durch energisches Vorwärtsreiten mit lockerer Zügelführung daran gehindert werden.

In vielen Fällen ist es jedoch erforderlich, solche Problempferde von Grund auf zu korrigieren, um Fehler aus der Grundausbildung auszumerzen oder Versäumtes nachzuholen. Auch bei Pferden, die nicht in der Gruppe gehen, liegt oft ein solches Ausbildungsdefizit vor. Das Reiten in der Gruppe sollte darum zuerst auf dem Reitplatz eingeübt werden. Hierbei muss das Pferd die grundlegenden Lektionen des Gruppenreitens wie zum Beispiel das Abstandhalten, das Nebeneinanderreiten oder den Positionswechsel lernen.

Pferden, die vermehrt auf der Vorhand gehen und dadurch häufig stolpern, wurde meist ein aktiveres Untertreten der Hinterhand durch entsprechende Reiterhilfen nicht beigebracht. Durch regelmäßiges Gymnastizieren kann man die Durchlässigkeit steigern, beispielsweise durch Berganreiten, durch Volten um Büsche oder Schlangenlinien um Baumreihen. Zudem kann die Aufmerksamkeit von stolpernden Pferden durch das Treten über Stangen oder Cavaletti gesteigert werden.

Bei Klebern und sehr schreckhaften Pferden sind zunächst vertrauensbildende Maßnahmen erforderlich. Durch kurze Spaziergänge an der Hand soll das klebende Pferd Vertrauen zum Menschen gewinnen. Später sitzt man dann außer Sicht- und Hörweite der übrigen Herde oder der Stallgefährten auf und verlängert allmählich die Dauer des Ausritts. Pferden mit übertriebenem Hang zum Scheuen kann durch eine spezielle Körper- und Bodenarbeit schrittweise die Angst genommen werden. Das Pferd soll hierbei lernen, sich mit vermeintlich schrecklichen Gegenständen oder Bodenveränderungen auseinander zu setzen, anstatt die Flucht zu ergreifen oder zu steigen.

Die Korrektur von Problempferden erfolgt nach einem individuell aufgestellten Trainingsplan, dem man schrittweise folgt. Hektik, schärfere Zäumungen oder gar Gewalteinwirkung sind kontraproduktiv und haben hier prinzipiell nichts zu suchen! Vielmehr basiert der angestrebte Erfolg auf vier Säulen: Vertrauen, Geduld, Konsequenz und Übung. Der Reiter muss sich allerdings kritisch fragen, ob er dieser Aufgabe gewachsen ist. Eventuell fehlende Kenntnisse oder reiterliche Fertigkeiten sollten ergänzt beziehungsweise aufgefrischt werden. Fühlt man sich mit der Bewältigung eines Problems überfordert, sollte man die Korrektur besser einem Fachmann überlassen. Auf keinen Fall sollte man aber mit einem Problempferd alleine ausreiten, sondern die Arbeit vorübergehend in die Reitbahn verlegen und riskante Situationen so lange vermeiden, bis man das Problem in den Griff gekriegt hat.

Bis ein ehemals schreckhaftes Pferd einen aufgespannten Regenschirm akzeptiert, muss es ein behutsames Anti-Scheu-Training durchlaufen haben.